JAVIER NAVARRO

UN MUNDO
FANTÁSTICO

Ilustraciones: Eva Gaarden

Javier Navarro:
Un mundo fantástico
Teen Readers, nivel 0

Editora: Ulla Malmmose

Diseno de cubierta: Mette Plesner
Foto: Vizerskay/iStock

ISBN Dinamarca 978-87-23-54132-1
www.easyreaders.eu

The CEFR levels stated on the back of the book
are approximate levels.

Easy Readers

EGMONT

Impreso en Dinamarca

SOBRE EL AUTOR

Javier Navarro nace en 1966 en Málaga, en la costa mediterránea. Pronto se aleja del mar y va a vivir a Salamanca, en el interior de España, donde años más tarde estudia Filología. Después da clases de español en las universidades de Salamanca y Würzburg, ciudad de Alemania en la que pasa nueve años.

Javier Navarro tiene dos pasiones. Una es la familia: está casado y tiene cuatro hijos.

Su otra gran pasión, desde siempre, son los libros. Tiene una librería en Salamanca, donde vive actualmente. También trabaja como traductor y autor.

Para esta editorial ha preparado las ediciones de los títulos *La música del viento* y *Las pelirrojas traen mala suerte*.

¿Qué hay en el *desván?*

1

Riiiiing, riiiiing.

Belén abre la puerta. Es Cris. Su nombre es Cristina, pero para todas las amigas del instituto es Cris. Cris es una chica morena y tiene el pelo muy largo y negro. Belén y Cris son muy 5 buenas amigas y siempre están juntas en clase.

-Pasa, pasa -dice Belén.

-Toma, es para ti.

Belén abre el paquete y ve un CD de *Maná,* un grupo que le gusta mucho. 10

-Muchas gracias, Cris -Belén está muy con-tenta-. ¿Sabes? Quiero escuchar el CD ahora mismo.

Las dos amigas salen al *jardín.* En el jardín hay algunos chicos y chicas, amigos de Belén. 15 Están aquí porque hoy es el *cumpleaños* de Belén: cumple trece años.

Belén va con el CD a la mesa donde está la comida, la bebida y la música.

desván, habitación más alta en una casa; en un desván hay cosas que no se usan.

Maná, grupo mexicano de rock muy conocido en Latinoamérica y España

jardín, muchas casas tienen jardines con árboles y plantas (planta: ver dibujo en pág. 27)

cumpleaños, el día en que una persona cumple años; cumplir años es tener un año más

-¿Cuántos amigos vienen a la fiesta? -pregunta Cris.

-Diez. También está David. Al final no va de excursión. Mira, está allí.

5 En un lado del jardín hay un grupo de tres chicos. David saluda con una mano. Es un chico moreno y alto, y ya tiene catorce años. David vive en la *urbanización* de Belén, en la casa que hay al lado. Belén dice que es el chi-
10 co más guapo del instituto. No es verdad, pero dice eso porque a ella le gusta mucho David.

-¡Hola, Cris! -dice David, que anda hacia ellas-. Belén, ¿tienes una guitarra? Quiero enseñar una canción a tus amigos.

15 -Sí, creo que sí -dice Belén-. ¿Vienes? -le dice a Cris.

Las dos chicas entran en la casa, suben la *escalera* y llegan a un desván. Es una habita-

escalera

ojo

ción muy grande llena de cosas *viejas*: una
20 cama, algunas sillas, un sofá, armarios, una

---

urbanización, grupo de casas modernas, muchas veces casi iguales, cerca de las ciudades; actualmente hay muchas urbanizaciones en España
viejo, con muchos años

6

mesa de ping-pong. A Belén no le gusta el desván y casi nunca entra en él.

-Vamos, Cris, busca tú también.

Belén busca al lado de una bicicleta vieja y
de un sofá.   5

-Aquí hay una guitarra, estoy segura. Es de
mis padres, pero ya no la usan.

Cris busca cerca de la puerta. Entonces oye
a Belén:

-¡Cris, ven, ven, aquí pasa algo!   10

Cris va al lugar donde está Belén. Las dos
chicas están delante de un sofá verde muy viejo. Belén tiene los *ojos* muy abiertos.

-Mira, algo *se mueve*. Es ese sofá, se mueve. Cris mira el sofá y espera un momento, pero el sofá no se mueve.

-¿Estás segura, Belén?

5   -Sí, estoy segura. En el sofá hay algo. Vámonos de aquí.

-Belén, es sólo un sofá en un desván. Es verdad, tu desván es muy grande y tiene muchas cosas viejas, pero todo es normal.

10   En ese momento detrás de ellas oyen algo. Una silla se mueve y *se cae* al suelo.

la silla se cae

-¿Ves? -dice Belén-. Tengo razón. Vámonos, vámonos, rápido. Aquí hay algo.

---

moverse, tener movimiento; antes está en un lugar, ahora en otro

8

2

-¿Tenéis la guitarra? -pregunta David-. Y...
¡pasa algo?

-Hay algo en el desván -dice Belén, que está
muy nerviosa-. Un sofá se mueve y las sillas se
caen al suelo.   5

-Sí, *a lo mejor* es un animal -Cris coge la
mano de David-. Ven, ven con nosotras.

Belén mira a los dos chicos, pero no se mueve.

-Yo no voy -dice-. ¿Por qué no esperamos?
Mis padres vuelven a las ocho.   10

Pero Cris y David no escuchan. Los dos
suben la escalera. Cris abre la puerta del desván y entran.

No oyen nada. Silencio. En el desván sólo
hay una ventana. David va hacia la ventana y   15
la abre. Entonces oye a los chicos del jardín.

-Mira, éste es el sofá -dice Cris-. Y ésa es la
silla, en el suelo.

David mira hacia un lado, hacia otro. No ve
nada especial. Después mira a Cris, y en sus   20
ojos hay una pregunta: ¿qué hacemos ahora?

-Tenemos que encontrar al animal -dice
Cris-. Ven, necesito ayuda.

Los dos mueven una mesa grande, miran
detrás del sofá, debajo de la cama, mueven   25

a lo mejor, adverbio para decir que algo puede pasar, o puede no pasar

9

sillas, pero no encuentran nada.

-No lo entiendo -dice Cris al final-. Bueno, vámonos con Belén.

David vuelve a la ventana y la cierra. Cris lo
5 espera. En ese momento, delante de ellos, algo blanco *corre* desde un lado del desván hacia el otro, muy rápido.

-¿Qué es eso? -pregunta Cris, que tiene la boca abierta.

10 -Un animal -responde David-. Es una *rata*, una rata blanca.

-Es una rata enorme, como un *gato* grande.

-Vámonos de aquí, Cris -dice David.

rata    gato

Cierran la puerta del desván y corren, bajan
15 las escaleras, Cris casi se cae y llegan a la sala. Allí está Belén.

-Ven, Cris, siéntate.

-No, yo en un sofá no me siento. Prefiero estar de pie. No quiero más sofás.

20 David, que está junto a Cris, le dice a Belén:

correr, ir muy rápido

10

-En tu desván hay un animal… diferente. Es como una rata blanca, pero muy grande. Es enorme. ¿Qué hacemos ahora?

-Yo llamo a mi padre -dice Belén-. Mi padre es biólogo y en el laboratorio tienen muchos animales. Seguro que puede venir alguien del laboratorio. 5

3

Belén abre la puerta de la casa. Es, por fin, su familia. Maite, su hermana pequeña, entra primero y pregunta. 10

-¿Dónde está la ggata, dónde está la ggata?

Maite tiene tres años y pronuncia mal la "r".

-¿Estáis todos bien? -pregunta la madre.

-Sí, sí, mamá.

-¿Hay alguien en el desván? -pregunta el 15 padre de Belén a los invitados de la fiesta de cumpleaños. Todos saben ya que en el desván hay un animal muy grande.

-No -responde David-. Estamos todos aquí o en el jardín. 20

-Bien -dice el padre-. Nadie puede entrar en el desván, ¿está claro?

-Sí -responde una de las chicas.

-Es muy importante -dice el padre muy *serio*-.

25

serio, no tener ganas de reír (ver dibujo en página 14), no estar contento

11

Nadie, nadie puede entrar en el desván.

El padre de Belén está nervioso. Anda de un lado a otro de la sala. Un minuto más tarde alguien *llama a la puerta*. Entra un señor de cincuenta años más o menos, alto y serio, con el pelo largo y gris. Tiene una pistola en la mano.

llama a la puerta, las personas que están en la casa oyen entonces que alguien quiere entrar

12

No es una pistola normal porque tiene al final una *jeringuilla*.

jeringuilla

-Ya estás aquí, Ernesto -dice el padre de Belén-. Ven, es en el desván.

El padre de Belén mira a los chicos y chicas, y les dice: 5

-Vamos, vamos, esto es un fiesta, ¿no? ¿Dónde está la música? Chicos, ¿no queréis tomar algo? Vamos, al jardín, al jardín.

Después los dos hombres van hacia la escalera. 10

-Mamá -pregunta Belén-. ¿Quién es ese hombre con la pistola?

-Es Ernesto. Trabaja con papá en el laboratorio. ¿Vosotros estáis bien de verdad?

-Claro, mamá. 15

-¡Qué cumpleaños, hija! Bueno, ya están aquí papá y Ernesto. Vete tú ahora con tus amigos.

Junto a la mesa del jardín los invitados hablan del animal. 20

-A ver -dice una de las chicas-, ¿cómo es la rata?

-No lo sé -responde David-. Yo creo que es una rata, sí, pero a lo mejor es otro animal.

-Y en ese desván, ¿qué hay? -pregunta un 25 chico.

-Hay whisky, ¿verdad? -dice alguien.
Todos *se ríen*.

reír, reírse

-Sí, y los animales, ¿cuántos son? Dos, ¿verdad?

5   -Y aquí hay dos vasos, ¿no? -dice un chico moreno que tiene un vaso en la mano.

Ahora es una fiesta de cumpleaños normal. Poco después entra el padre de Belén en el jardín.

10   -Bueno, ya está. Belén, tus amigos tienen razón: es una rata blanca muy grande. Ahora vamos al laboratorio y esa rata no vuelve a esta casa.

-Pero esa rata no es normal -dice David-. Lo
15   sé, es enorme, así -entre sus manos hay una distancia de cincuenta centímetros.

-No, no -dice el padre de Belén-. Cuando alguien *tiene miedo*, ve las cosas muy grandes. Es una rata enorme, es verdad, pero, como las
20   personas, unas ratas son más grandes y otras son más pequeñas.

-¿Puedo ver la rata? -pregunta David.

tener miedo, creer que puede pasar algo malo

14

-Vamos, chico -responde el padre de Belén muy serio-. Es la fiesta de cumpleaños de mi hija. Ya basta.

El padre de Belén se va y la fiesta continúa. Ahora es una fiesta muy divertida y ya nadie ₅ piensa en ratas o animales blancos.

Una hora más tarde llega Iván, el hermano de Belén, que tiene diez años. Entra en el jardín y pregunta:

-¿Dónde está la gata? ₁₀

-¿Gata? ¿Qué gata? -dice Belén.

-La gata del desván.

Entonces, detrás de Iván, entra Maite.

Belén mira a sus amigos. Todos se ríen.

-¿Pog qué os ggeís, pog qué os ggeís? -quiere ₁₅ saber Maite.

El *bote* de *cristal*

4

Un día después Belén está sola en su casa. Es jueves por la tarde y está escuchando en su

bote

cristal, las ventanas tienen cristales

cuarto el CD de Maná. Oye el teléfono.

-Belén, ¿eres tú? -dice una *voz* nerviosa.

-Sí, soy yo, papá.

-¿Está tu madre?

5   -No, estoy sola.

-Entonces escucha. Es muy importante y no tengo mucho tiempo.

-Sí, te escucho.

-La mesa de la sala tiene dos *cajones*. En el
10 cajón izquierdo hay una *llave*, una llave grande. Es la llave del armario que hay en el desván.

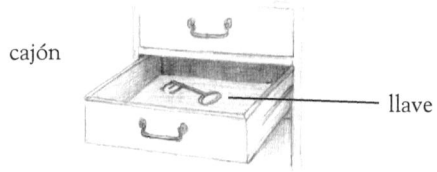

cajón   llave

-Bien.

-Abres el armario. ¿Sabes qué armario?

-Sí, el armario viejo, al lado del sofá.

15   -Sí, ése. Abres el armario. Arriba hay un bote pequeño de cristal.

-Bien, ¿y qué hago con el bote?

-Coge el bote y vete. Ese bote no puede estar en casa. Es por la policía. Están aquí, en el tra-
20 bajo, y pueden ir a nuestra casa. Coge el bote y vete. No puedo hablar más, ya llegan. Nos vemos mañana. Adiós.

voz, oír una voz es oír a una persona que habla

16

"¿La policía? ¿Por qué está la policía en el laboratorio de papá?", piensa Belén. Pero ahora no es el momento para pensar.

Va a la sala y abre el cajón de la mesa. Busca, nerviosa, pero no encuentra la llave. Ve papeles, documentos y cosas para escribir, pero no hay ninguna llave. "Necesito la llave", piensa.

Entonces entiende cuál es el problema: es el cajón de la derecha, y no el de la izquierda. Ahora abre el cajón correcto. La llave está ahí, grande y vieja. Coge la llave, sube al desván y abre el armario. Arriba hay un bote normal, como los de mermelada, lleno de un *líquido* que parece agua.

Baja las escaleras rápido con el bote en la mano y sale a la calle. Ya es casi de noche. En la calle se pregunta: "Y ahora, ¿a dónde voy?".

5

Entonces ve la casa de David. "Claro, ¿por qué no?", piensa. Llama a la puerta.

-Hola, Belén, ¿qué tal? -dice la madre de David.

-Bien, gracias.

---

líquido, son líquidos el agua, los zumos, el petróleo, etc.

-¿Te pasa algo? Pareces nerviosa.

-No, no, todo está bien.

-Bueno, entra, entra. A esta hora hace un poco de *frío*.

5 -¡David! -*grita* la madre-. Es Belén, está aquí -después la madre de David mira el bote que Belén tiene en la mano.

-¿Qué es eso? ¿Por qué tienes un bote con agua?

10 -¿Esto? -dice Belén y también ella mira el bote-. Sí, es un bote con agua.

-¿Para qué quieres el agua? -pregunta.

-Es… para la clase de biología.

Entonces Belén ve a David, que baja la esca-
15 lera.

-¡David! ¿Puedo hablar contigo?

-Claro -dice David-. ¿Qué quieres?

-¿Podemos ir a tu cuarto? Tengo un problema de biología y…

20 -Bueno, bueno -la madre se va hacia la sala-, ya me voy. Los chicos de vuestra edad siempre queréis estar solos.

Los dos amigos suben la escalera y entran en el cuarto de David.

25 -Cierra la puerta, por favor -dice Belén. Pone el bote sobre la mesa y mira por la venta-

---

frío, sin sol, la temperatura es más fría (por ejemplo -5°C)
gritar, una persona grita cuando necesita ayuda o cuando quiere llamar a alguien

na: en la calle no hay ningún policía.

-¿Estás bien? -pregunta David-. ¿Qué te pasa?

Belén le *cuenta* sobre su padre, el bote y la policía.

-Ya sabes cuál es el problema -termina-. ¿Me puedes ayudar? 5

-¿Quieres darme el bote?

-Sí. Sólo durante esta noche. Mañana vas con el bote a clase y buscamos otra solución.

-Vale, no es ningún problema. 10

Después David va con Belén hasta la puerta de la casa.

-Nos vemos mañana -dice Belén.

-Sí, claro. Hasta mañana.

Belén anda hacia su casa. David la mira y se 15 pregunta: "¿Qué puede haber en ese bote?"

6

David vuelve a su cuarto. Coge el bote, lo abre y mira *dentro*: hay un líquido como agua, pero no es agua. Él sabe que dentro no hay agua.

Con el bote en la mano sale de su cuarto y 20 va al garaje de su casa. Allí, en una *jaula*, está

jaula

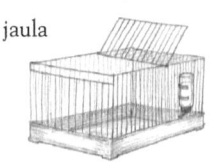

contar, decir, hablar
dentro, en el interior; es decir,
David mira qué hay en el bote

su hámster. El animal, un hámster pequeño, de color marrón y blanco, corre dentro de la jaula. David mete la mano en la jaula. El hámster, nervioso, sube a su mano.

bebedero

5 -*Tranquilo*, Benito, tranquilo.

Coge el *bebedero*, en el que hay poca agua. Después abre el bote y llena el bebedero con el líquido. Lo mete en la jaula y espera.

El hámster mira a David y no se mueve. Sus
10 ojos pequeños y negros parecen preguntar: ¿por

tranquilo, no nervioso

qué haces esto, David, por qué haces esto?

David espera, pero el hámster no bebe. Ahora corre de un lado a otro dentro de la jaula.

Entonces en el garaje entra *luz* azul por la pequeña ventana. David oye también voces: en la calle pasa algo.

Abre la puerta del garaje y encuentra a su madre en el jardín.

-Ven, David -dice su madre-. ¿Qué haces en el garaje?

-Es por Benito: no tiene agua.

-Bueno, es igual. Mira: la policía está en casa de Belén. ¿Qué puede pasar?

David mira hacia la casa de Belén. Delante de la casa, en la calle, hay dos coches de policía. Con su luz nerviosa las casas y los árboles de la urbanización están de color azul.

-Belén no está hoy normal. ¿Tú sabes algo? -pregunta la madre.

-No, mamá.

-Y ese bote de cristal. ¿Por qué quiere hablar contigo y trae un bote?

-No sé nada, mamá.

-Mira, David, esto no me gusta. No sé por qué la policía está en casa de Belén, y no sé por qué tú no quieres hablar conmigo, pero te digo una cosa: en esta casa tu padre y yo no quere-

---

luz, necesitamos la luz, por ejemplo del sol, para poder ver

mos problemas. ¿Quieres contarme algo?

-No, mamá, yo no sé nada. Vuelvo al garaje, ¿vale?

-Está bien, hijo.

5   David vuelve al garaje. Su hámster está ahora junto al bebedero, pero no se mueve. David abre la puerta de la jaula, mueve al hámster con la mano y entonces ya está seguro: el hámster está *muerto*.

David

7

10 El viernes, a las dos de la tarde, el padre de Belén está delante del instituto de su hija. Ve salir a Belén entre muchos chicos y chicas. "Ya no es una niña", piensa, "tiene trece años. El trece es el número de la mala suerte".

15   -Hola, papá.

-Hola, hija. ¿Tienes el bote?

-No, y David no está en su clase. Sus amigos tampoco saben dónde está.

-Ven, entra. Vamos a su casa.

20   Belén se sienta en el coche junto a su padre.

-Papá, yo no entiendo nada. ¿Qué hay en ese bote?

muerto, no vive

22

-Hija, a veces es mejor no saber nada.

-¿Y por qué tienes problemas con la policía?

-Mira, Belén, en la vida... trabajas años, muchos años. Por fin, un día, encuentras algo especial, y puedes ser un biólogo muy conoci- do. Pero otras personas te dicen: no puedes continuar con tu trabajo, no es ético.

-¿No es ético?

-Sí, quiere decir que no está bien, que es *peligroso*.

-¿Y es verdad, es peligroso? ¿Una persona puede beber el líquido del bote?

El padre de Belén mira un momento a su hija.

-¿Crees que David...?

-No, papá, no lo creo.

-Tenemos que encontrarlo, rápido. Sí, Belén, ese líquido es peligroso.

Los dos hablan muy poco hasta llegar a su casa. Belén ve que alguien está sentado en las escaleras, delante de la puerta de su casa.

-¡Mira, papá, es David! Nos está esperando.

peligroso, los resultados pueden ser muy malos; por ejemplo puede haber muertos

23

8

En el sofá de la sala, junto al padre de Belén, está David. Belén les escucha.

-A ver, David -dice el padre de Belén-. Cuéntame: ¿dónde está el bote?

5   -Es mi madre... -David mueve las manos nervioso-. Mi madre tiene mucho miedo, y yo lo entiendo. Primero llega Belén con ese bote. Después ve a la policía en vuestra casa. Y,

cuando entra en el garaje, encuentra a Benito muerto.

-No es posible: ¡un muerto! -grita el padre de Belén. David lo mira *asombrado*.

-Tranquilo, papá, Benito es sólo el hámster de David -Belén se ríe.

-Sí, mi hámster -dice David-, pero prefiero no hablar de eso. Bueno, ya lo sabéis: mi madre tiene miedo, al final yo le cuento todo y ella me dice: "Tú no vas mañana al instituto. Tú no sales de casa".

-¿Y el bote? -el padre de Belén se mueve nervioso en el sofá.

-Sí. Esta mañana, a las once más o menos, viene a nuestra casa el señor de la pistola con la jeringuilla, ese señor del pelo largo que trabaja con usted.

-Claro, Ernesto. Ernesto y yo nos contamos siempre todo.

-Bueno, viene ese señor, y le dice a mi madre: "En el instituto no está su hijo y él tiene un bote que yo necesito". Y mi madre, claro, le da el bote. Lo siento, de verdad.

-No importa, David, todo está bien -el padre de Belén se levanta, coge el teléfono y va hacia la cocina.

Los dos chicos están un momento en silencio.

asombrado, con mucha sorpresa; por ejemplo cuando una persona oye o ve algo muy especial

Entonces escuchan la voz del padre de Belén en la cocina:

-... ¿De verdad? ...¿Y funciona con más animales? ¿Estás seguro? ... Es fantástico, es realmente fantástico. Quiero verlo ahora mismo. Dime dónde estás ... De acuerdo, voy ahora mismo, espérame ... Ernesto, somos, somos *increíbles* ... Sí, sí, adiós.

David mira a Belén.

-Vamos, Belén, ¿por qué no haces nada?

-¿Qué puedo hacer? -dice ella.

Los ojos de David son muy negros.

-Yo quiero saber qué está pasando. Vamos, habla con tu padre. ¡Quién sabe! A lo mejor podemos ir con él.

El padre de Belén sale de la cocina.

-Belén, me voy. Dile a mamá que nos vemos esta noche. Ah, y haz tú la comida; yo ya tengo aquí algo para mí.

-¡Papá! -Belén está de pie, delante de su padre-. Papá, yo también quiero ir.

-Pero... no es posible, hija.

-Esto no es posible, claro, pero darme un bote peligroso sí es posible, ¿verdad? Tú no me explicas nunca nada, y yo quiero saber por fin qué está pasando.

El padre de Belén está un momento en silencio y piensa. Al final dice:

increíble, algo que no podemos creer; aquí significa muy bueno, fantástico

26

-Está bien, Belén, ven conmigo. Vamos a un lugar un poco especial. Prepárate algo de comida.

Detrás de ellos está David, también de pie.

-Yo también voy.

-¿Y tu madre? -pregunta Belén.

-Mi madre ahora no importa. Yo quiero ver ese lugar. Y creo que ya sé qué hay allí.

Un *mundo* fantástico

9

Desde el coche Belén mira el *campo* de *Castilla*. Durante los meses con mucho frío o mucho calor el campo está muerto, pero ahora, a finales de abril, es una fiesta. Hay *plantas* por todas partes, plantas verdes llenas de *flores*. Belén ve también muchos animales, insectos pequeños

flor

planta

mundo, todas las cosas que existen y conocemos; a veces mundo significa nuestro planeta
campo, lugar sin casas; las personas viven en la ciudad o en el campo
Castilla, región en el centro de España; el idioma español se llama también idioma castellano
calor, temperatura muy alta; p.ej. un día con 30°C es un día con calor

que se mueven en el aire.

-Ya llegamos -dice el padre de Belén-. Es cerca de aquí.

Belén mira por la ventana y lee junto a la
5 *carretera*:

PRIVADO
INSTITUTO NACIONAL DE BIOLOGÍA

-¡Para, papá, para! -grita Belén.

Belén sale del coche.
10 -Venid, mirad esto. Es increíble.

David está junto a Belén. Él también mira asombrado.

Es un campo con flores blancas y amarillas. Pero las flores no están solas: otras flores,
15 muchas, se mueven nerviosas en el aire: son *mariposas* pequeñas.

mariposa

-Hay cientos de mariposas -dice David.

-Vamos -dice el padre de Belén-, Ernesto nos espera. Tenemos que ver otras cosas más inte-
20 resantes.

Los tres vuelven al coche. Poco después ven a Ernesto junto a un árbol. Ernesto les saluda

carretera, camino importante para coches, asfaltado

con la mano y les grita: "aquí, aquí".

El padre de Belén sale del coche y habla un momento con Ernesto. Después vuelve y les dice a Belén y a David:

-Ernesto está de acuerdo. Vamos, podéis venir con nosotros. 5

Ernesto parece ahora una persona diferente. Ya no es un hombre serio con una pistola en la mano. Saluda a Belén y a David, contento.

-Mirad, chicos -dice. 10

En sus manos tiene un bote de plástico. Lo abre y sale un insecto negro y grande.

-¡Es horrible! -dice Belén.

El animal está en la mano de Ernesto. Ernesto se ríe. 15

-No, no es horrible. A lo mejor él piensa que tú eres horrible. Él es siempre así, sólo que normalmente es más pequeño.

El padre de Belén dice un nombre en latín, y luego explica a los dos chicos. 20

-Sí, normalmente es un insecto de un centímetro, y ahora, mirad, es mucho más grande.

-Es muy feo -dice Belén- y tiene la *cabeza* muy pequeña. ¿Es esto todo o tenéis animales más bonitos? 25

Ernesto se ríe otra vez.

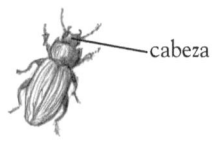

cabeza

29

-Tenemos otros animales, pero, claro, tu amigo es más guapo. Todos mis animales son feos.

David no lo escucha. Coge al animal en la
5 mano y lo mira.

-No lo puedo creer -dice-. ¿De dónde viene este animal?

-Venid.

Ernesto empieza a andar por un camino
10 pequeño. Los otros tres van con él.

10

El camino sube un poco y luego baja hasta una *charca* donde hay algunos árboles y muchas plantas.

-Parece un lugar normal, ¿verdad? -dice
15 Ernesto-, pero no lo es.

-No, nada aquí es normal -dice David. En su mano tiene otro insecto, y también este insecto es muy grande.

-Es verdad, y... ¡mirad esa *libélula*! -grita
20 Belén.

Una enorme libélula azul se mueve sobre el

---

charca, lugar, no muy grande, con agua; con mucho calor las charcas pueden estar sin agua

libélula

agua y va hacia ellos. Parece la libélula de una película de ciencia ficción.

-Es grande como una mano -dice el padre de Belén, y mira asombrado a la libélula.

La libélula está delante de Belén; luego se va 5 hacia el otro lado de la charca. David, que busca más animales, ve algo diferente en el suelo. Lo levanta: es el bote de cristal. Todavía hay algo de líquido dentro.

-¿El líquido del bote está en el agua?- pre- 10 gunta David a Ernesto, que está a su lado.

-Sí, aquí está, en esta charca. Y ahora esta-

mos seguros, ahora sabemos que con este producto pueden *crecer* muchos animales.

-¿Cuánto tiempo pueden crecer?

-No lo sé -responde Ernesto y levanta sus
5 manos-. ¿Crecen todos los animales? ¿Cuánto
tiempo crecen? Son preguntas sin respuesta,
chico, eso todavía no lo sabemos. Ya ves: aquí
hay unos pocos animales grandes, pero casi
todos los animales son normales. Venid, tenéis
10 que ver otra cosa.

El grupo anda junto al agua de la charca.
Ernesto busca en un lugar donde hay unas
plantas muy altas.

-Venid, mirad aquí. ¿Veis este animal?

15 Los otros tres miran y ven un animal muy
grande, sin forma, de color verde.

-¿Está muerto? -pregunta David.

-Sí, muerto. Es una rana. Éste es el resultado
de unas pocas horas de crecimiento.

rana

cuerpo

20 El padre de Belén mueve la rana muerta con
el pie. Su cabeza es normal, pero su *cuerpo*

---

crecer, ser más grande; las personas crecen hasta los quince o dieciséis
años. El substantivo del verbo "crecer" es "crecimiento"

enorme. No parece una rana; no parece nada.
Sólo es un cuerpo sin forma.

-¿Y por qué está muerta? -pregunta Belén.

-¿Por qué, por qué? -responde Ernesto-. Yo
no sé nada. Todo esto que veis es sólo un expe-   5
rimento, pero tu padre y yo ya no tenemos
tiempo para saber más.

11

Ernesto busca más animales entre las plantas.
A veces encuentra un animal muy grande, lo
mira, escribe algo en un cuaderno y continúa   10
con su búsqueda.

David, Belén y su padre están sentados junto al agua de la charca. Miran a la libélula azul,
que, como Ernesto, también busca animales,
pero ella quiere comerlos.   15

-¿Por qué está muerto mi hámster? -pregunta
David-. ¿Por qué no tengo ahora un hámster
mucho más grande?

El padre de Belén mira el bote que David
tiene en la mano.   20

-Un animal no puede beber este líquido
-dice y coge el bote-. Está muy concentrado,
hay que *mezclarlo* con mucha agua. Este líquido

---

mezclar, poner una cosa con otra cosa; por ejemplo podemos mezclar
leche con café

sólo es un peligro para mí y para mi familia - abre el bote y mezcla el resto del líquido con el agua de la charca.

Belén, que también escucha, pregunta a su padre:

-Papá, ¿por qué dices eso?

El padre de Belén cierra el bote, ahora sin líquido.

-Es por la policía, Belén. Ellos piensan que Ernesto y yo estamos haciendo algo peligroso. La policía lo cree, pero no sabe nada, no encuentra nada. Pero mañana… Ernesto no tiene hijos, pero yo sí. Yo tengo que despertar y pensar en ti y en tus hermanos.

El padre de Belén se levanta, serio, y anda junto a la charca. Belén y David lo miran.

-David, ¿qué pasa mañana? -pregunta Belén.

-Hoy o mañana, ¿qué importa? Un día alguien viene aquí, ve estos animales y entonces la policía ya sabe qué está pasando.

-¿Y entonces?

-Belén, no lo sé. A lo mejor tu padre va a la *cárcel*, no lo sé.

Belén y David están en silencio. Belén mira a la libélula azul. Está muy cerca de ella, sobre una planta, y quiere comerse a un animal pequeño. Entonces Belén comprende que esa libélula es fea, un monstruo. Mira a su padre,

cárcel, prisión

34

que está al otro lado de la charca.

-David, ¿qué podemos hacer?

-Nada -dice David.

-Yo quiero ayudar a mi padre.

Belén mira el agua de la charca. Entonces *5* *siente* algo en su mano. Belén no se mueve, tampoco mira: es la primera vez que David coge su mano.

-Bueno, vámonos -dice David y se levanta.

Belén lo mira asombrada. Entonces mira *10* hacia abajo y ve en su mano un horrible insecto lleno de pelos.

¡Fantástico?

12

Esa noche Belén duerme mal. Se levanta a las cinco de la mañana, coge su *mochila* y baja en silencio al garaje. Sale con su bicicleta a la *15* calle. Es de noche y hace frío.

mochila

---

sentir, tener una experiencia; podemos sentir miedo, alegría, ganas de comer, calor o frío; o también podemos sentir que otra mano coge nuestra mano

-Estoy aquí -dice una voz.

Belén ve, junto a la puerta de la casa de David, a Cris con su bicicleta.

-Hola -dice Belén-. Hace mucho frío, ¿eh?

5 -Sí. ¿Y David? ¿Viene?

-No lo sé, tiene muchos problemas con su madre. Esperamos todavía un poco, ¿vale?

Las dos chicas esperan. En la calle no se oye nada: no hay ningún coche, ninguna persona, 10 ningún animal. El silencio es absoluto.

Después de unos minutos ven una luz en casa de David. Poco después sale David con su bicicleta.

-Mi madre duerme, espero. Creo que hoy es 15 el último día que puedo salir de casa en muchos meses.

-Gracias por venir -dice Belén.

Los tres chicos, en sus bicicletas, salen de la urbanización y van hacia la ciudad. En la ciu- 20 dad hay más luz y también ven a algunas personas.

-¡Cuidado! -dice Cris-, viene un coche de policía.

-¿Qué hacemos? -pregunta Belén, pero nadie 25 responde.

Los tres amigos no miran a su izquierda, pero saben que el coche de policía está a su lado. Un policía les mira durante unos momentos. Después el coche se va.

Salen de la ciudad y entran en una carretera pequeña. Ahora tienen problemas para ver bien. Tienen frío. Poco después desayunan debajo de un árbol.

-¿Estás seguro de que éste es el camino correcto? -pregunta Belén.

-Sí -dice David-. Conozco bien esta carretera.

David conoce bien la carretera, pero de noche es difícil ver. Durante media hora no saben dónde están, buscan otra vez el camino y al fin lo encuentran. Están cansados y sienten frío. El campo empieza a despertar y, muy lejos, pueden ver las primeras *nubes* de color rojo y naranja: el sol está saliendo.

-¡Mirad! -dice Belén más tarde-, conozco este lugar. Sí, es aquí. Venid, estamos llegando.

Ponen sus bicicletas junto a unos árboles y empiezan a andar. Suben por el camino pequeño, llegan arriba y miran la charca.

-¡Es increíble! -dice David.

La charca es ahora diferente. Ya no hay plantas. Pero hay muchos animales, insectos grandes que se mueven nerviosos cerca de la poca agua que ahora hay en la charca. Algunos insectos son enormes y pueden tener hasta veinte centímetros. Y son muchos.

---

nube, cuando hay nubes, no vemos el sol

13

-¡Ay! -David *se golpea* la *cara* con la mano y luego mira la mano: está roja, llena de *sangre*.

-Es un *mosquito* -dice Cris-. Tenemos que tener cuidado.

5   Los chicos abren sus mochilas y cogen obje-tos para golpear a los animales. Empiezan a andar hacia la charca. Oyen algo debajo de sus pies: son animales muertos. El suelo está lleno de insectos muertos.

10   -Esto es horrible -dice David-. Los animales crecen y no tienen comida para todos.

-¡No, no! -grita Belén. Belén quiere golpear a un mosquito con un *palo*. No puede. El mos-quito es enorme y se mueve en el aire junto a 15 ella.

-Yo sé qué necesitamos -dice Cris. Corre hacia su mochila y vuelve con su *raqueta de tenis*. Mueve la raqueta en el aire y golpea al mosquito.

20   - Gracias -dice Belén.

Mira a David. David busca animales por el suelo. Cerca de él hay dos mosquitos. Entonces mira la charca. Sobre la charca hay una nube

---

golpear, por ejemplo, cuando golpeamos una puerta con la mano, alguien nos oye y nos abre
sangre, líquido rojo en el cuerpo que necesitamos para vivir

mosquito

raqueta de tenis

palo

cara

de insectos: algunas libélulas, pero sobre todo mosquitos.

Belén siente miedo. También siente que está cansada.

-Vámonos -dice.

Cris la mira.   5

-Imposible, tenemos que ayudar a tu padre. Hay que *terminar con* estos monstruos -dice y golpea a otro mosquito con su raqueta.

terminar con, terminamos con los animales cuando al final están todos muertos

Belén se ríe.

-Te mueves muy bien, como *Ferrero*.

También Belén va hacia la charca y busca animales por el suelo y por el aire. Siente *dolor*
5 en un *brazo*. Golpea al mosquito y luego ve la sangre roja en el brazo: su sangre. Delante de ella hay varios mosquitos enormes. Mueve el palo en el aire, pero es imposible. Ahora hay todavía más mosquitos: seis, ocho… no sabe.
10 El palo se cae al suelo. Golpea con las manos en el aire. Siente dolor en una *pierna*: es otro animal, un insecto largo, con pelo, que quiere subir por su cuerpo.

pierna ———   ——— brazo

Belén corre, grita histérica.

15 -¡Ayudadme, estoy aquí!

Ve a David, muy lejos. También ve a Cris. Cris mueve su raqueta hacia un lado, hacia otro. No pueden escucharla, tampoco ayudarla. Entonces siente algo en su pie, algo grande,
20 y cae. Su cabeza se golpea contra el suelo. Se levanta un poco: junto a sus pies hay algo sin forma, verde, un monstruo que ya no es una rana. Después no ve nada.

Ferrero, tenista español muy conocido
dolor, cuando alguien nos golpea con un palo, sentimos dolor

14

-¿Me oyes? -dice una mujer a su lado. Es una policía.

    -¿Y mi madre?

-Está con tu padre. Voy a llamarla.

La policía sale un momento. Belén mira dónde está: es la habitación de un hospital, y ella está en una cama limpia y blanca.

    -Tu madre ya viene: llega en cinco o diez minutos -dice la policía y se sienta junto a Belén.

Belén siente dolor en la cabeza y en todo el cuerpo.

    -¿Qué me pasa?

-Nada importante. Sobre todo tienes una *herida* en la cabeza.

    -¿Por qué estoy aquí? ¿Y quién es usted?

-Tranquila -la mujer coge la mano de Belén-. Mira, yo soy psicóloga. También policía, claro. Y tú estás aquí gracias a tu padre: esta mañana tu padre va a tu habitación y no te encuentra en la cama. Entonces nos llama por teléfono y vamos con él hasta ese lugar. Cuando llegamos, tú estás en el suelo, muy nerviosa, tu cuerpo lleno de animales.

Belén no recuerda nada; su último recuerdo

herida, de una herida sale sangre (ver explicación en pág. 38)

41

es la rana enorme a sus pies.

-Pero ahora estás aquí, en el hospital. Y tus amigos también están aquí, en otra habitación, y están bien. Esta tarde puedes verlos.

5 -Y mi padre... -dice Belén-. ¿Está ahora en la cárcel?

-No, no, tranquila.

-¿Por qué buscan ustedes a mi padre? ¿Es malo tener animales grandes? En muchos paí-
10 ses la gente necesita comida.

La mujer mira a Belén. Está seria y durante unos segundos no dice nada.

-Belén, ¿tú sabes qué es un genetista?

-Sí, alguien que trabaja en cosas de genética,
15 como mi padre.

-Exacto. Tu padre es un genetista y está trabajando en un proyecto *estatal*. A ver, en el laboratorio de tu padre buscan un producto para cerrar las heridas más rápido. Es difícil
20 explicar esto.

-Ya tengo trece años -dice Belén.

-Lo sé -dice la mujer-. Mira, en nuestro cuerpo hay hormonas, *hormonas* para crecer. Es importante saber cómo funcionan los *genes* que
25 producen estas hormonas del crecimiento. Y

estatal, del estado, no privado
hormona, las hormonas activan y modifican nuestro organismo; son muy conocidas las hormonas del crecimiento o las hormonas sexuales
gen, base de la genética. En nuestros genes tenemos la información de nuestros padres.

con estas hormonas podemos cerrar más rápido las heridas, ¿entiendes?

-Sí.

-Y ese proyecto no tiene peligros. Es un proyecto conocido en otros países, que ayuda a la medicina. Pero tu padre, *fuera del* proyecto, quiere hacer otras cosas: él, con productos químicos, modifica genes en los animales. Eso es muy peligroso porque está usando la genética sin control. ¿Recuerdas esa charca?

-Sí, claro -Belén pone la mano en su cabeza-. La recuerdo demasiado bien.

-¿Qué pasa con los animales grandes? Necesitan más plantas, necesitan más comida.

La policía mira a Belén y espera su comentario. Belén dice al final.

-Está claro. Al final necesitamos más campo, y los animales buscan comida, terminan con las plantas y los árboles.

-Y no es sólo eso, Belén. Piensa en otras cosas. ¿Quién tiene la tecnología para producir hormonas del crecimiento? Sólo los países *ricos*, claro. ¿Qué pasa, por ejemplo, con las personas? ¿Podemos usar todos la genética para crecer? ¿Dónde termina todo esto? No sé, Belén -dice la mujer, y mueve la cabeza-, no sé.

---

fuera de, no está dentro; aquí significa que el padre de Belén quiere hacer investigaciones diferentes, que no son del proyecto
rico, con mucho dinero

43

A lo mejor en el futuro hay animales genéticamente grandes en todas partes. Ahora esos animales sólo están en los laboratorios, y es mejor así.

Belén cierra los ojos. Todo esto no le importa. A ella sólo le importa su padre.

-Entonces, ¿qué pasa ahora con mi padre?

-Tu padre no puede trabajar en ningún laboratorio, eso es seguro. Y no puedo decirte más. Ésta es una situación nueva y diferente.

Alguien llama a la puerta.

La mujer se levanta.

-Ya está aquí tu madre. Me voy: seguro que quieres hablar con ella y tienes que contarle muchas cosas.

Actividades

1 Preguntas

¿Qué hay en el desván?
1. ¿Por qué hay una fiesta en casa de Belén?
2. ¿Qué encuentran Cris y David en el desván?
3. El hermano de Belén quiere saber dónde está la gata del desván. ¿Por qué se ríen los amigos de Belén?

El bote de cristal
1. ¿Por qué al principio Belén no encuentra la llave?
2. ¿Qué cree la madre de David que hay dentro del bote?
3. ¿Que crees tú que hace el hámster mientras David sale al jardín y habla con su madre?

David
1. ¿Por qué Belén y su padre quieren encontrar a David?
2. Explica por qué la madre de David tiene miedo.
3. ¿Por qué quiere ir Belén al lugar donde está Ernesto?

Un mundo fantástico

1. ¿Cómo es el campo de Castilla a finales de abril? ¿Cómo es el resto del año?
2. ¿Qué animales ven los personajes junto a la charca? ¿Cómo son esos animales?
3. ¿Por qué Ernesto y el padre de Belén tienen problemas con la policía?

¿Fantástico?

1. Describe cómo es la charca ahora.
2. ¿Por qué hay muchos insectos muertos en el suelo?
3. ¿A quién quieren ayudar Belén y sus amigos? ¿Qué quieren hacer?
4. ¿En qué investigación genética no autorizada está trabajando el padre de Belén?

Preguntas finales

1. ¿Un mundo con animales enormes es un mundo fantástico? Explica tu opinión.
2. ¿Crees que la aventura de este libro es posible en la realidad?

2 Nuevo vocabulario

Escribe la palabra correcta en cada frase.
asombrados, bote de cristal, cabeza, cumpleaños, escalera, golpea, jardín, peligroso, rata, urbanización

1. Belén y David viven en una ....
2. David abre el .... : dentro hay líquido.
3. Hoy es el .... de Belén: cumple trece años.
4. David y Belén miran .... la charca.
5. Belén .... un mosquito con un palo.
6. La fiesta de cumpleaños es en el .... de la casa.
7. El líquido del bote es muy ....
8. La .... blanca que hay en el desván es enorme.
9. El insecto tiene una .... muy pequeña.
10. Los dos amigos suben la .... y llegan al desván.

Ver más actividades en
www.easyreaders.eu

PUBLICADOS:

Encuentra todos los títulos en **easyreaders.eu**.